I0026429

$L \overset{27}{n}$ 19595.

Sleg 8
'9
27
Lin 19595

NOTICE HISTORIQUE

SUR

LA VIE ET LA MORT

DE

M. FÉLIX THORON.

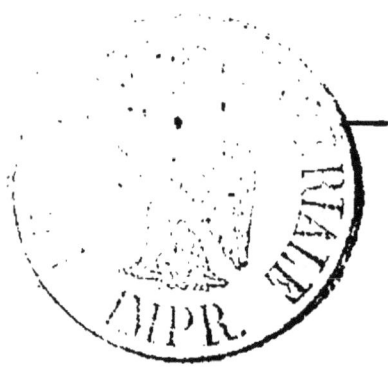

TOULOUSE,
IMPRIMERIE DE K.-CADAUX,
RUE DE LA TRINITÉ, 8.

—

1840.

NOTICE HISTORIQUE

SUR

LA VIE ET LA MORT

DE

M. FÉLIX THORON.

NOTICE HISTORIQUE

SUR LA VIE ET LA MORT

DE

M. FÉLIX THORON;

Lue dans une assemblée pieuse, le dimanche 28 juin 1840, jour de la fête de St. Louis de Gonzague (1).

——

MESSIEURS,

Les liens de mutuelle affection dont la communauté de foi et les religieuses pratiques furent le nœud résistent aux plus violentes séparations, à la mort même.

(1) M. Félix Thoron est décédé à Toulouse, le 29 avril 1840, à l'âge de 30 ans.

BIBLIOTHÈQUE ROYALE

Sans doute les corps politiques, les académies littéraires, les sociétés savantes ont aussi leurs hommages pour les confrères que la mort arrache de leur sein. Sans doute ils accompagnent, avec recueillement, leurs dépouilles au lieu de repos où tout semble finir; ils consacrent à leur mémoire des paroles de regrets et d'éloges.

Efforts impuissants pour retenir, au milieu d'eux, la présence des amis qu'ils ont perdus; la fiction leur échappe bientôt, et le souvenir même s'en évanouit en peu d'heures.

Tout se passe autrement parmi nous, Messieurs.

Nos confrères ne meurent point pour nous; la communion de prières entre eux et nous ne se brise point. Au point de vue qui formait l'objet de notre association, ils vivent encore au delà du tombeau; et ils vivent d'une vie plus parfaite, d'une vie en quelque sorte divine, d'une vie de contemplation et d'amour, réalité bienheureuse dont l'assemblée des chrétiens sur la terre est l'image.

Ainsi en rappelant leurs vertus, nous ne sommes pas bornés à de stériles regrets : de brillantes espérances en adoucissent l'amertume. Nous ne sommes pas condamnés à l'expression d'une inconsolable douleur : les motifs les plus légitimes d'une sainte joie viennent la tempérer. Nous n'avons pas à déplorer l'absence de celui que nous louons : il est au milieu de nous, il nous écoute; ses pieuses inspirations nous encouragent; son intercession nous protége.

Glorieux privilége des âmes chrétiennes, qui n'ont pas besoin, pour leurs saintes communications, de l'intermédiaire des corps !

Ne craignons donc pas que nos plus belles solennités soient attristées par la lecture d'une de ces notices consacrées à la mémoire de nos confrères défunts. N'hésitons pas à choisir la fête de St. Louis de Gonzague, qui nous réunit aujourd'hui, pour réhabiliter un usage si plein de justice, de piété, et de touchantes consolations.

Depuis quelques années, Messieurs, la mort temporelle a frappé plusieurs de nos confrères. Un prêtre vénérable, le P. Nicolas de Mac-Carthy, rendu célèbre par la plus remarquable éloquence que notre siècle ait entendue, et qui, sur un sol étranger, s'est échappé, à la manière des saints, de ses liens terrestres; deux magistrats, MM. de

Serres-Colombars et de Furgole, qui
édifièrent long-temps notre ville par
leur fervente piété autant que par l'intègre
accomplissement de leurs fonctions;
et Louis d'Adhémar, cette jeune
âme, angélique plutôt qu'humaine,
qui souffrit toute sa vie, sa courte vie,
avec tant de résignation, et qui fut
parmi nous si aimée, et si digne de
l'être; et Pierre Marie Laval, qui eut
le bonheur d'être persécuté pour la
sainte cause, dont il avait embrassé
généreusement la défense.

Nos prières ne leur ont pas manqué.
Mais il leur a manqué jusqu'à
présent cet hommage historique que je
suis chargé de rendre aujourd'hui au
dernier de ceux que nous avons perdus,
à Félix Thoron.

Félix Thoron avait été un instant

mon condisciple et toujours mon ami ;
c'est pour acquitter envers lui ma dette
d'amitié que j'ai accepté la tâche de le
louer. Sans cela aurai-je pu entreprendre, moi le premier, de rétablir, parmi vous, un usage oublié pendant
long-temps ?

Félix Thoron naquit à Toulouse
d'un père que sa grande fortune, sa
nombreuse famille, et ses vertus dignes
des temps antiques, rendaient considé-
rable au milieu de nos concitoyens. Il
puisa de bonne heure, dans les ensei-
gnements de ce père chrétien, les
principes les plus purs en matière de
religion, de morale et de foi ; dès sa
plus tendre enfance, il trouva, dans
les exemples de sa famille, une leçon
perpétuelle.

Son éducation fut dirigée avec le

soin et la sollicitude qu'il devait attendre d'un père pénétré des devoirs que cette qualité lui imposait, d'un père dont il était le fils unique et d'autant plus tendrement chéri.

Les premiers éléments des sciences humaines lui furent montrés par un instituteur connu, à cette époque, pour le zèle qu'il mettait à cultiver le cœur en même temps que l'esprit de ses élèves, et qui pour cela jouissait de l'estime de tous les hommes religieux de Toulouse; c'était M. Dejean, qui, aujourd'hui retiré de l'enseignement, n'a pas cessé d'être cher à ses anciens élèves qu'il continue à édifier par sa piété; dernièrement il entourait avec nous le cercueil de notre confrère, et mêlait ses regrets paternels à ceux des nombreux amis qui pleuraient sa perte.

Quand l'âge de Félix Thoron le rendit capable d'études plus sérieuses, il fut envoyé à Bordeaux, dans l'un de ces petits séminaires si justement célèbres, sous la Restauration, par l'esprit de piété qui y régnait, par la sage direction qu'y recevaient les jeunes gens des classes aisées, par les immenses services dont le souvenir s'attachait au nom de l'ordre religieux qui les avait fondés par son dévouement, qui entretenait leur prospérité par son zèle. Le vent de la persécution n'avait pas encore chassé de la terre de France ces *pères de la foi*, ces associés de Jésus, dont l'heureuse influence et les efforts désintéressés auraient sauvé la patrie, si la patrie eût été moins ingrate.

Malheureusement Félix Thoron ne put demeurer long-temps à cette excellente école ; sa santé faible ne lui permit point de supporter la vie de collége loin des siens ; il lui fallut l'air natal, il lui fallut le toit paternel, et les caresses de ses sœurs.

Il revint à Toulouse, et termina ses études au collége royal de cette ville, dont il suivit les classes en qualité d'externe. C'est là que je l'ai vu pour la première fois.

Les colléges de l'université n'étaient alors rien moins qu'une école de morale: la licence s'était emparée de tous les jeunes cœurs qui les habitaient ; quelles grâces du ciel, quel courage et quelle force, ne fallait-il pas pour se soustraire aux pernicieuses atteintes d'une corruption devenue presque universelle !

On y apprenait le vice et l'irréligion;

on en sortait avec peu d'estime pour la
foi, peu de goût pour la piété.

Cependant au milieu de la pertur-
bation jetée dans son âme par les mau-
vais exemples qui l'entouraient, Félix
Thoron, à peine âgé de 15 ans, con-
servait d'heureuses habitudes et de
saintes pratiques.

Un trait bien touchant vint, à cette
époque, révéler toute la bonté de son
cœur, et rassurer sa pieuse famille sur
les effets du danger qu'il semblait avoir
couru.

Un jour que sa maison tout entière
était affligée par la mort d'une ancienne
domestique qui avait soigné son enfance, le jeune homme disparut du milieu
des siens; on le cherchait depuis long-
temps, avec une sorte d'anxiété, lorsqu'on le découvrit enfin, dans l'attitude

la plus fervente, auprès du lit où reposait le corps de celle qui lui avait servi de mère : il y avait prolongé pendant plusieurs heures sa reconnaissante prière.

Au sortir du collége, Thoron alla étudier le droit à la Faculté de Paris.

Les bonnes connaissances qu'il fit dans la capitale, la fréquentation de la société des bonnes études, commencèrent à effacer les mauvaises impressions reçues au collége. Le souvenir des conseils paternels, et des exemples de famille, veillaient du reste à la porte de ce jeune cœur, et empêchaient cette âme généreuse, naturellement portée au bien, de se laisser égarer.

Après ses trois années de droit, Félix Thoron crut devoir compléter son éducation par quelques voyages. L'Italie fut le principal théâtre de ses excursions. La capitale du monde catholique devint surtout l'objet de son admiration : les imposantes cérémonies dont il y fut le témoin le touchèrent profondément, et l'édification qu'il en rapporta produisit bientôt les plus heureux fruits.

. L'époque était venue où M. Thoron, le père, qui s'était déjà allié, par le mariage de ses filles, avec les plus honorables maisons de Toulouse, devait songer à procurer à son fils un semblable établissement.

Une première négociation, qui n'eut point de résultat, amena une fois encore notre Félix à Paris. Et, si ce voyage fut inutile quant à l'affaire qui semblait l'avoir déterminé, les vues de la Providence le firent tourner à l'accomplissement d'un but bien autrement important.

Les désagréments qu'il éprouva lui firent comprendre que les idées mondaines sont de trop dans de semblables projets, qu'il faut les asseoir sur des bases plus solides, sur la foi, sur la piété; que, pour devenir bon père de famille, il faut, avant tout, être bon chrétien.

Ces réflexions, et le souvenir d'une guérison remarquable, attribuée à la protection de la Vierge, dont il avait adopté, avec une tendre confiance, la miraculeuse médaille, le déterminèrent à embrasser une vie franchement et ouvertement religieuse.

Sa résolution fut aussi ferme que noble. Les effets s'en manifestèrent bientôt.

La foi stérile ne convenait plus à son auteur : les œuvres, la pratique,

2

c'est là ce qu'il voulut entreprendre ; la piété la plus fervente devint, en peu de temps, son partage.

Adoucissement bien mérité, délicieuse consolation pour la vieillesse de son vertueux père !

Ce père, favorisé du ciel, était destiné, avant de quitter la vie, à voir son digne fils dans un état complet de félicité. Une heureuse union devait en être le signal : l'occasion de la contracter se présenta bientôt.

La naïveté de l'âge, les grâces de la beauté, les charmes de l'esprit, la bonté du cœur, la piété la plus solide, formaient la parure de la jeune épouse qui lui fut donnée.

Mlle Pauline de Labarthe Malard, dont le frère, l'oncle, le cousin, appartiennent à cette congrégation, venait

cimenter, par son union avec Félix,
les convictions et les déterminations
religieuses de ce fervent chrétien. Aussi
ne tarda-t-il point, par l'avis de son di-
recteur, à solliciter son entrée dans notre
société, où nous l'accueillîmes avec tout
l'empressement et toute la joie que devait
inspirer une acquisition si précieuse.

M. Thoron, le père, avait pourvu à
l'établissement de tous ses enfants; son
œuvre était accomplie : Dieu l'appela
dans son sein, quelques mois après le
mariage de son fils. Profondément affli-
gé de cette perte, celui-ci la supporta
chrétiennement en la faisant tourner à
son avancement dans la vertu.

Mis en possession d'une fortune con-
sidérable, il ne crut pas pouvoir recueil-
lir l'héritage temporel de l'auteur de ses
jours, sans embrasser aussi l'héritage

spirituel de ses vertus et de ses bonnes
œuvres.

Il voulut continuer un homme qui,
par sa piété, par sa probité, par ses
abondantes aumônes, avait toujours été
l'objet de l'estime générale et de la
reconnaissance des pauvres. Il était
bien capable de suivre de pareilles tra-
ditions : il s'en montra digne.

Les nombreux secours qu'il faisait
distribuer par les soins des curés et des
sœurs de St. Vincent de Paul, n'étaient
pas les seuls qui s'échappassent de sa
main libérale. On a su, depuis sa mort,
qu'il répandait avec profusion, dans le
sein de familles honteuses, une multitu-
de de dons secrets qui soulageaient leur
malheur. Il est même résulté des rap-
ports arrachés par la reconnaissance à
ses protégés, non-seulement que cette

sainte habitude était, chez lui, anté-
rieure à l'époque où il fut possesseur
de toute sa fortune, mais qu'elle avait
même précédé son retour définitif à
la piété, qui lui fut sans doute inspiré
du ciel comme une récompense de sa
charité envers les pauvres.

Piété bien vive, foi bien ardente,
qui donnait à ses prières un caractère
de ferveur étonnant. Souvent pendant
qu'il assistait au saint sacrifice de la
messe, prosterné sur les dalles du tem-
ple, et fixant des regards d'amour sur
l'autel où s'immole la victime, des mou-
vements extérieurs involontaires, et,
pour ainsi dire, extatiques, trahissaient
la vivacité de ses sentiments.

Aussi était-il devenu l'objet de l'admiration et du respect universels, et
tous ceux qui aspiraient à la perfection

chrétienne le regardaient comme un modèle à suivre.

Quand le zèle de la maison de Dieu dévore une âme, elle ne se borne pas à la prière et à la fréquentation des sacrements, elle se répand au-dehors pour traduire sa foi en œuvres, et pour communiquer sa ferveur aux autres.

Aussi notre confrère cherchait-il dans les œuvres extérieures un aliment à son zèle. La société de St. Vincent de Paul lui sembla offrir les moyens de l'exercer plus efficacement.

Cette société, que la Providence seule a fondée pour l'avantage commun et des pauvres qu'elle assiste de ses aumônes, et des jeunes confrères qui les distribuent en son nom, intéressa vivement la charité de Thoron:

Appartenant encore par son âge à la

jeunesse qui la compose, quoiqu'il en fût en quelque sorte séparé par sa position, il entra dans ses rangs, et prit sincèrement à cœur la prospérité de la société. Ce ne fut pas en vain qu'il s'occupa de son organisation ; je suis, plus que tout autre, en mesure d'affirmer qu'à ses efforts et à ses soins est dû en grande partie l'accroissement où elle est aujourd'hui parvenue.

Enfin, Messieurs, vous le voyez, Félix Thoron était dans une des conditions les plus heureuses que l'on puisse désirer en ce monde.

Son cœur était compatissant pour les pauvres ; sa fortune lui donnait les moyens de satisfaire aux besoins de son cœur.

Il aimait la tranquillité d'âme, le repos, la vie de famille; il en goûtait les douceurs auprès d'une épouse chérie qui savait en doubler le prix par sa tendresse.

Le monde n'avait point de charmes pour lui : il avait su trouver, dans la religion, la paix et les joies véritables.

« Et pourtant, au milieu de tous ces éléments de bonheur, Félix Thoron, au rapport d'un de ses amis, auquel j'emprunte ces paroles, éprouvait parfois des sentiments de tristesse dont lui-même avait peine à se rendre compte; souvent, dans les épanchements de l'amitié, il n'avait point caché de vagues pressentiments. Sans doute qu'alors une inspiration secrète lui parlait au cœur, et l'avertissait que Dieu allait bientôt lui demander un grand sacrifice. »

Tant que le calice lui fut présenté

de loin, il en parut effrayé; mais lorsqu'il le vit approcher de ses lèvres, il se prépara à le boire avec une fermeté digne des martyrs.

Le vrai moyen de me tuer, disait-il au commencement de sa maladie, serait de m'annoncer qu'il faut mourir..... Mourir à trente ans !.... Aussi cherchait-il à se dissimuler son état à lui-même, donnant toujours des réponses satisfaisantes à ceux qui lui demandaient des nouvelles de sa santé.

Mais le moment approche, et Dieu relève le courage de cette âme un instant abattue. Il ne craint plus de s'entendre annoncer qu'il faut mourir; il demande, au contraire, avec instance cette triste nouvelle; il veut en être informé le premier; il intéresse, pour l'obtenir, la délicatesse et la conscience de ceux qui l'entourent; il adresse surtout sa recommandation au docteur chargé de veiller aux progrès du mal; il le conjure, au nom de l'amitié, de ne pas lui cacher le terrible moment.

Enfin le ministre de Dieu, le confesseur du malade, le bon Père Ronsin, vient répondre à ses vœux; c'est lui qui sera l'évangéliste, le messager de la bonne nouvelle, et que, par reconnaissance, Félix appellera *son meilleur ami*. Bonne nouvelle, hélas! pour celui qui prend son essor vers le ciel, mais triste, mais déchirante pour ceux qui demeurent, sans lui, sur la terre.

Qui se chargera, mon Dieu, d'être le consolateur de cette épouse éplorée à qui l'on annonce qu'il lui faut serrer, pour la dernière fois, la main de son époux expirant? C'est lui, c'est Félix, c'est notre confrère devenu un héros, qui oublie ses souffrances, qui oublie toutes ses craintes et ses faiblesses, pour verser dans l'âme de sa jeune femme le baume des consolations, et pour relever sa fermeté défaillante.

Oh! qu'ils sont beaux les derniers moments d'un fervent chrétien! Oh! qu'il est sublime le spectacle d'une âme qui, se sentant attirée vers le ciel, se débat pour échapper à sa prison terrestre! Oh! qu'elle est frappante l'efficacité, la divinité des sacrements reçus à cette heure suprême!

Félix Thoron se nourrit du pain des forts, et son existence ne paraît plus une existence humaine. La ferveur de ses prières s'accroît à chaque instant.

Quelques minutes avant de rendre le dernier soupir, il est ravi au ciel en une sublime extase; et, sollicitant l'attention de ceux qui l'entourent, il leur décrivait, avec l'enthousiasme de l'amour, les beautés de cette demeure céleste.

Comme les personnes qui l'écoutaient, craignant que les efforts qu'il faisait pour parler ne hâtassent sa mort par l'épuisement complet de ses forces, il leur répondait: *Mais que voulez-vous, que m'importe maintenant de vivre? Je ne suis plus de ce monde, j'ai hâte d'arriver au ciel.* Et il recommençait, plein de foi et d'amour : *Je vois mon père; il me tend les bras; j'arrive; oui; je vois ma place; elle est là; à sa droite.* Ses larmes coulaient avec abondance; il priait pour sa femme, demandait une autre place pour elle; et il s'éteignit dans sa prière.

Oh! oui : à la droite de ton père,

jouis, inonde ton âme de l'abondance des félicités ineffables. Implore une place pour celle que tu as laissée après toi dans les larmes; implore des places pour tes parents, pour tes amis, pour tes confrères aussi......

Associé désormais au glorieux jeune homme dont nous célébrons aujourd'hui la pieuse mémoire, et dont nous vénérons les saintes reliques, obtiens-nous avec lui la grâce, puisque nous avons, comme toi, et plus que toi sans doute, négligé d'imiter son innocence, obtiens-nous la grâce d'imiter, avec la même ferveur que toi, sa pénitence : *innocentem non secuti pœnitentem imitemur.*

FIN.

www.ingramcontent.com/pod-product-compliance
Lightning Source LLC
Chambersburg PA
CBHW060812280326
41934CB00010B/2658